PROJET

D'ORGANISATION ÉLECTORALE

PAR

CAMILLE COUSSET

Avocat à Chambéry.

Nous sommes le droit, nous sommes
la force, nous sommes aussi le nombre.
Quand le nombre saura, la République
ne sera plus contestée.

Prix : 50 centimes

CHAMBÉRY

IMPRIMERIE D'ALBANE, PLACE SAINT-LÉGER, 13.

1872

PROJET

D'ORGANISATION ÉLECTORALE

PAR

CAMILLE COUSSET

Avocat à Chambéry.

Nous sommes le droit, nous sommes
la force, nous sommes aussi le nombre.
Quand le nombre saura, la République
ne sera plus contestée.

Prix : 50 centimes

CHAMBÉRY

IMPRIMERIE D'ALBANE, PLACE SAINT-LÉGER, 13.

1872

AVANT-PROPOS

—

La victoire apparente que le parti de la réaction vient de remporter, sur le parti démocratique en Savoie, aux élections du 7 janvier 1872, en envoyant à la Chambre, son candidat, avec une majorité d'environ 1,000 *voix* sur *quarante mille votants*, est manifestement due à la pression exercée sur les consciences par la circulaire suivante de Monsigneur le cardinal-archevêque de Chambéry :

« Chambéry, le 1ᵉʳ janvier 1872.

« Monsieur,

« Dimanche prochain, 7 de ce mois, on pro-
« cèdera dans chaque commune à l'élection d'un
« député à l'Assemblée nationale. *Le comité*
« *conservateur a proposé un membre qui réunit*
« *les conditions désirables.*

« Réduisez ce jour-là l'office paroissial à une

« messe basse célébrée de bon matin. Recom-
« mandez à tous vos électeurs d'aller voter et
« d'élire un bon catholique ; *dites-leur que c'est*
« *pour eux une obligation de conscience*, sous
« peine de PÉCHÉ GRAVE ; faites en sorte qu'il
« n'y ait pas d'abstention dans votre paroisse.
« Nous avons eu jusqu'ici beaucoup de mau-
« vaises élections, parce que nous avons eu
« beaucoup de votes irréfléchis et beaucoup
« d'abstentions.

« Votre très-humble serviteur.

« † ALÉXIS,
« cardinal-archevêque. »

Certes, l'histoire des scandales électo-
raux est déjà longue et renferme le triste
et éclatant témoignage de ce que peuvent, sur les masses ignorantes des campagnes, l'improbité politique et la corrup-
tion, mais jamais, assurément, l'audace
sacerdotale n'avait atteint ces limites,
même dans les dernières luttes électorales de l'empire.

Oui, voilà avec quelles armes nous
avons été vaincus ; voilà l'arme qu'un
clergé turbulent n'a pas craint d'arracher
à la vieillesse d'un prélat circonvenu,

pour la remettre aux mains d'une réaction aux abois; voilà ce qu'un clergé, encouragé par les longues impunités et par l'absence de toute sanction légale efficace, vient de commettre dans l'intérêt d'un parti politique.

Voilà un nouveau péché, *le péché électoral*, inventé par un archevêque, le dogme mis à la disposition des courtiers politiques, le catéchisme détrônant le manuel électoral, les peines de l'Enfer, venant s'ajouter aux sanctions édictées par le Code pénal, en matière d'élection!...

Oui, quand on songe que le département se composant de 227 communes, il a suffi de moins de deux voix par commune, données, sous l'influence de cette circulaire, au candidat de la réaction, pour déplacer la majorité, on ne peut s'empêcher de reconnaître que l'élection d'un député, obtenue à l'aide de pareils moyens, n'est pas le fidèle et exact reflet de l'opinion politique du pays.

Mais ayons le courage de le reconnaître, tout ce qui pouvait être fait par nous, pour détruire l'effet produit par cet étrange document, n'a pas été fait. Notre propagande n'a pas été assez active ; sur plusieurs points elle a été mal organisée. Dans certaines communes, on a manqué de bulletins ; disons le mot : nous comptions trop aveuglément sur un succès qui a fui ; divers Comités se sont endormis ou étaient mal constitués ; il y a eu, dans certaines localités, sur lesquelles on était en droit de compter, négligence et apathie.

C'est une leçon dont notre parti doit tirer un enseignement pour l'avenir.

Lorsque dans un département ainsi travaillé par le clergé, aidé d'une réaction puissante, éclairée, active et merveilleusement organisée, sur 40,000 votants près de 20,000 électeurs, abandonnés, on peut dire, à eux-mêmes, se prononcent pour le candidat radical, lorsque toutes les villes, grandes ou petites, sans exception, donnent la majorité au candidat républicain, on peut considérer le pays comme définitivement acquis à la démocratie.

Pour assurer à notre parti une victoire à tout jamais certaine dans les luttes électorales à venir, il ne s'agit plus que de s'organiser et de s'entendre.

Tel est le but que nous nous sommes proposé dans les pages suivantes.

Nous n'ignorons pas que dans l'état actuel de la législation, l'organisation que nous proposons, en tant que faite avant l'ouverture de la période électorale, et comme institution permanente, pourrait être considérée comme une association illicite ; aussi ne l'exposons-nous que comme ce qui devrait avoir lieu si, en matière d'élections, notre législation venait, ce qu'il faut espérer, d'ici aux prochaines élections générales, à être mise en harmonie avec toutes les libertés de réunion et d'association, que comporte un gouvernement républicain.

Du reste, en grande partie, les combinaisons que nous proposons peuvent et doivent être mises en pratique, même dans l'état actuel des choses, aussitôt que s'ouvre la période électorale.

Pour le surplus, les indications contenues dans cette brochure, pourront être étudiées, approfondies, complétées, dans l'ensemble et dans les détails, de façon à pouvoir combler les lacunes qui peuvent existor dans un travail qui n'a été, dans la pensée de l'auteur, qu'un modeste programme susceptible de beaucoup de perfectionnements.

Organisation des Comités
électoraux

Un Comité central devra être organisé
à Chambéry ;

Un Comité dans chaque chef-lieu d'arrondissement;

Un Sous-Comité dans chaque chef-lieu
de canton.

—

Attributions générales
du Comité central

Le Comité central n'a aucune prépotence sur les Comités d'arrondissement et
les Sous-Comités de canton.

Il se tiendra, au contraire, dans la plupart des cas à la disposition de ceux-ci.

Siégeant au chef-lieu de département,
disposant de première main de la presse

départementale démocratique, il donnera à celle-ci, sur les indications des Comités et Sous-Comités, l'impulsion que dicteront en toutes matières les nécessités du moment.

Il centralise les renseignements partis de tous les points du département et tient les autres Comités et Sous-Comités, chacun en ce qui le concerne, au courant des questions qui, de divers côtés, peuvent lui être soumises et qui intéressent la grande communauté démocratique.

Ayant à sa disposition les imprimeries du chef-lieu, il est lui-même à la disposition des Comités et Sous-Comités pour les envois de prospectus, bulletins de vote et tous autres imprimés et circulaires qui lui sont demandés.

Le Comité central sera organisé de façon à avoir une commission spécialement chargée de répondre aux consultations qui lui seront adressées, sur toutes questions en matière de droit électoral, radiations, réinscriptions, incapacité, réhabilitations, etc., etc.

Il informera les Comités et Sous-Comités, des renseignements intéressant la

cause commune, qui arriveront spontané-
ment à sa connaissance et qui concerne-
ront spécialement tel ou tel Comité.

Il les informe de l'ouverture de la période électorale et des formalités à remplir pour les réunions électorales, soit
publiques soit privées.

Il se tient à leur disposition pour les
démarches à faire auprès des autorités du
chef-lieu, dans le cas de difficultés ou de
conflits entre les Comités d'arrondissement et les autorités locales.

—

Organisation du Comité central

Le Comité central siégeant à Chambéry
sera composé d'au moins trente ou quarante membres actifs.

Le bureau sera composé d'un président,
de deux vice-présidents et de deux se-
crétaires.

Deux commissions permanentes :

Commission des renseignements et démarches ;

Commission de consultation,

Ayant chacune son président et son secrétaire.

Le bureau répartit les travaux entre
ces deux Commissions permanentes, ainsi
qu'à celles qui pourront être créées en vue
de nécessités spéciales, et laisse aux pré-
sidents desdites Commissions le soin de
fixer le jour de leur réunion. Il fixe les
assemblées générales, où chaque Commission rendra compte de ses travaux et où
seront débattues toutes les autres questions qui auront surgi et qui intéressent
la grande communauté démocratique.

Les délégués que le Comité central
croira devoir envoyer auprès de tel ou
tel Comité d'arrondissement ou de canton, pour des motifs d'intérêt général, seront nommés en assemblée générale au
fur et à mesure des événements qui dicteront l'utilité ou l'urgence de ces mis-
sions.

Attributions spéciales du Comité central.

Il a l'initiative de toutes les mesures politiques à prendre au point de vue de la réussite des candidats désignés par les cantons de sa propre circonscription électorale.

Il fixe les réunions publiques et privées, où sera débattu le mérite des candidatures qui surgissent.

Il informe les Comités et Sous-Comités du choix fait de ses candidats, pour l'arrondissement de Chambéry, en les leur recommandant.

Enfin, et sur la demande des Comités d'arrondissement, il se tient à leur disposition, comme intermédiaire conciliateur, dans tous les conflits qui pourraient surgir entre eux, sur le choix de leurs candidats respectifs, et dans toutes les autres questions intéressant les élections à un point de vue général.

—

Comités d'arrondissement.

Chaque Comité d'arrondissement se composera d'au moins six membres avec un président et un secrétaire.

Indépendamment des attributions spéciales de ces Comités, au point de vue de la réussite de leurs candidats, ils servent d'intermédiaires entre les Sous-Comités de canton et le Comité central siégeant à Chambéry, pour tous les détails intéressant l'élection et les questions juridiques et autres que cette élection peut soulever.

Ils s'éclairent des renseignements que leur transmettent les Sous-Comités de canton, relativement au choix du candidat que chaque arrondissement propose, et transmettent ces mêmes renseignements au Comité central.

Sous-Comités cantonaux.

Ils se composent de six membres, d'un président et d'un secrétaire.

Ils tiennent les Comités d'arrondissement au courant des hommes politiques du canton, dont la candidature offrirait des chances de réussite.

Ils signalent ceux qui, la période électorale ouverte, offrent des garanties de dévouement à la cause démocratique ; le nom de ceux qui, dans les jours qui précéderont l'élection se chargeront de faire la propagande électorale, et, le jour du vote arrivé, de surveiller les opérations dans chaque commune en paralysant ainsi, par un ferme contrôle, l'influence du clergé et de la réaction.

—

Nous n'avons pas étendu l'institution des Comités jusqu'aux communes. La chose nous a paru impraticable et ne produirait pas, du reste, les résultats qu'on en pourrait attendre.

Dans chaque commune rurale, la réaction a un agent tout trouvé, l'homme du presbytère.

Pour combattre cette influence, il suffira, ainsi que nous venons de le dire, que les Sous-Comités de canton dressent une liste comprenant les noms de ceux qui, dans chaque commune, aussitôt la période électorale ouverte, distribueront les bulletins du candidat démocratique, surveilleront et contrôleront les opérations du scrutin.

Jusqu'à ce jour, cet électeur isolé des campagnes, défenseur obscur des idées démocratiques dans les villages, représentant l'élément urbain jusque dans les hameaux les plus reculés, avait une mission périlleuse et menacée, précisément à cause de son isolement au milieu des influences cléricales abusant de leur hautaine impunité.

Mais avec cette puissante et solide organisation des Comités d'arrondissement et des Sous-Comités de canton, se reliant au Comité central, le villageois démocrate se sentira soutenu, protégé. — Il saura et nos adversaires sauront que tout acte de pression ou de brutalité électorale, dont il

pourrait être victime, sera immédiatement
signalé au Comité central, qui prendra
les mesures nécessaires pour que justice
soit faite.

Au surplus et dans les communes ru-
rales d'une importance exceptionnelle,
ou dans lesquelles, pour un motif ou
pour un autre, aucun habitant ne voudrait,
dans la crainte de se compromettre, accepter cette mission des Sous-Comités de
canton, le conseil d'arrondissement en
préviendrait le Comité central, qui, au
jour indiqué, enverrait un ou deux délégués.

———

Une fois les Comités et Sous-Comités
ainsi organisés dans toute l'étendue du
département, quand arrive la période électorale le Comité central en informe les
Comités d'arrondissement, en leur faisant
connaître, en même temps, dans quelles
conditions de liberté et de publicité le
décret qui fixe l'ouverture de cette période
place les électeurs.

Les Comités d'arrondissement transmet-

2

tent ces informations à leurs Sous-Comités
de canton, et chacun se met à l'œuvre, se
mouvant dans le cercle des attributions
qui viennent d'être énumérées.

—

Nomination des membres des Comités et Sous-Comités.

En général, il ne sera guère possible
de convoquer des réunions publiques,
pour la nomination des membres des Comités d'arrondissement et des Sous-Comités de canton ; on devra, le plus souvent,
se contenter des réunions privées dans
lesquelles seront appelés le plus grand
nombre possible d'électeurs.

Dans l'état actuel de nos mœurs politiques et indépendamment des entraves
légales, encore existantes, même sous
cette ébauche de République que nous
expérimentons, le chef-lieu d'arrondissement et surtout le chef-lieu de canton
se trouveront rarement placés, au point
de vue des citoyens pouvant donner leur

concours au système d'organisation que nous développons, dans les conditions voulues de liberté et d'indépendance morales, pour prendre, sans périls et sans risques de toutes sortes, l'initiative de réunions publiques.

Mais en ce qui concerne le Comité central, et bien que, ainsi que nous l'avons expliqué, il se meuve dans un cercle d'attributions tout à fait indépendantes de celles des Comités et Sous-Comités, sans prédominance sur eux pour le choix des candidats, il se trouve néanmoins par sa situation au chef-lieu du département, avoir une réelle prépotence centralisatrice, qui, à un moment donné, peut faire de lui le véritable interprète des aspirations et des volontés électorales du département tout entier.

Il est donc, à notre sens, de toute nécessité que les membres qui le composent, afin de pouvoir s'adresser aux électeurs avec toute l'autorité dérivant de l'étendue et de la diversité de leurs pouvoirs, demandent cette même autorité au suffrage universel, formulé dans une réunion publique.

Nomination du Président
du Comité central

Une fois les membres du Comité élus
en assemblée publique, il nous paraît in-
dispensable de leur laisser le soin de nommer leur président.

Le Comité central doit être et doit rester un être collectif, marchant à son but,
tout d'une pièce et sans tiraillements possibles. Son autorité ne sera sérieuse et ne
pourra s'imposer, au milieu des dissiden-
ces possibles qui tenteraient de diviser le
parti, qu'à la condition d'exclure de son
sein toutes causes et tout prétexte de
compétitions personnelles et de jalou-
sies.

Or, conférer aux électeurs réunis en
assemblée publique le soin de nommer
le président du Comité central, ce serait
leur conférer le droit souverainement im-
politique et dangereux de créer un pouvoir dans un autre pouvoir; ce serait
mettre le pouvoir du Comité central en
lutte possible avec le pouvoir présidentiel.

Un conflit venant à surgir, il se pourrait faire que, sur l'initiative de telle mesure à prendre ou à rejeter, le président insistât en disant qu'il relève non du Comité, mais de l'assemblée des électeurs,— et le Comité pouvant, de son côté, mettre ses pouvoirs à lui, à l'ombre de la même autorité et de la même origine, il pourrait résulter de cette situation des tiraillements faciles à prévoir, hostilités intestines, démission, absence aux réunions et partant l'anéantissement d'un pouvoir qui ne peut rester fort qu'à la condition de demeurer uni et compact.

Du moment que l'assemblée générale des électeurs désigne et nomme ceux qui doivent composer le Comité central, dans un but électoral clairement déterminé, on doit supposer que ces électeurs ont assez de confiance en leurs élus, pour laisser à leur intelligence et à leur tact le soin de choisir parmi eux, l'homme sous la direction duquel ils entendent se mettre, pour arriver au résultat proposé.

Le choix fait par les membres du Comité sera la consécration d'une confiance éfléchie en la personne qui doit les diriger et les conduire ; cette désignation ainsi faite sera le gage d'une entente absolue entre le président élu et ses collègues électeurs, — et s'il arrivait que ce président s'écartât de la ligne tracée par ses mandants et ses égaux, ceux-ci, qui lui ont donné le pouvoir, peuvent le lui retirer, sans bruit, sans colère et sans secousse.

En d'autres termes, il est inadmissible que les électeurs qui confient aux membres du Comité le soin délicat d'arrêter le choix d'un député, n'aient pas entendu leur conférer le pouvoir plus modeste de choisir le président qui leur convient.

—

Désignation des Candidats

Aux termes de la loi, le nombre des députés à élire dans un département est basé sur la population; — mais, pour plus de facilité, dans l'indication de la marche à suivre, nous supposerons, ce qui a lieu notamment pour le département de la

Savoie, que chaque arrondissement a *un
député* à nommer, en dehors de l'arrondissement de Chambéry, qui en nomme
deux.

En principe, chaque arrondissement désigne seul son propre candidat. Le Comité
d'arrondissement devra donc, aussitôt la
période électorale ouverte, s'entendre avec
les Sous-Comités de canton et les engager
à convoquer des reunions, soit publiques
soit privées, à l'effet de s'entendre à ce su-
jet et de faire connaître les noms des citoyens proposés.

Le Comité d'arrondissement étant en
général plus en situation que les Sous-
Comités de canton de faire un choix in-
telligent, soit au point de vue de la noto-
riété du futur candidat, soit de ses opi-
nions politiques, diversement appréciées
par ses futurs électeurs de l'arrondissement, pourra prendre sur lui, *à titre d'indication* seulement, de signaler aux suffrages préparatoires des cantons celui qu'il
aura choisi lui-même, dans les premières
réunions tenues à cet effet.

Lorsque, des divers cantons, seront venus se centraliser au Comité d'arrondisse-

ment les indications et les rapports relatifs à telles ou telles candidatures locales proposées, celui-ci provoque une réunion soit publique soit privée, siégeant au chef-lieu d'arrondissement, à laquelle doivent assister les délégués des divers cantons, s'intéressant à la réussite de telle ou telle candidature locale.

Les divers noms proposés sont discutés, et celui qui, après le vote, a réuni la majorité des suffrages, devient le candidat que le Comité d'arrondissement désigne au Comité central du chef-lieu de département.

Lorsque la liste des candidats proposés par chaque arrondissement sera ainsi arrêtée, le Comité central, suivant les mêmes errements, recherche et arrête le nom de ses propres candidats, — et les ajoute à la liste générale.

Une fois la liste générale ainsi arrêtée, le Comité central en informe les Comités d'arrondissement, qui la transmettent à leur tour aux divers Sous-Comités de canton.

Une réunion générale a lieu ensuite, à laquelle doivent assister tous les membres actifs du Comité central. Les membres des différents Comités et Sous-Comités du département sont convoqués ; le Comité central les invite, dans tous les cas, à s'y faire représenter par deux délégués au moins.

Cette réunion doit encore conserver le caractère d'une sorte de tribunal de famille, où sera discuté le mérite de chacun des candidats qui auront surgi. Les objections se produiront soit sur sa moralité politique, soit sur ses antécédents, ses écrits, les garanties qu'il offre à la démocratie, son influence territoriale, etc.

En cas de conflit non résolu entre deux ou plusieurs candidats cantonaux, la réunion vote et fait connaître ses préférences.

Chaque canton a deux voix :

La liste ainsi arrêtée prend le nom de : *Liste préparatoire des Comités*.

Une réunion publique est ensuite fixée, où sont convoqués tous les électeurs indistinctement du département.

La liste préparatoire des Comités est soumise à l'approbation de l'assemblée, — ainsi que la liste sur laquelle se trouvent les noms des candidats évincés par les mêmes Comités.

Les candidats portés sur les deux listes sont convoqués et doivent assister à la réunion, sauf les cas de force majeure.

Chaque assistant a le droit de combattre ou de préconiser toutes les candidatures proposées.

Le candidat attaqué a toujours la parole le dernier.

Après la clôture des débats prononcée par le président, on procède aux votes, — et les cinq noms qui réunissent le plus de suffrages composent la *Liste définitive des candidats démocratiques.*

Cette liste définitive est transmise par les soins du Comité central à tous les Comités et Sous-Comités du département. — Chacun doit dès lors, les candidats évincés comme les électeurs mécontents, faire le sacrifice de leurs préférences personnelles et donner, sous peine d'improbité politique, leur adhésion loyale, complète et formelle à la volonté ainsi formulée par la masse des électeurs démocratiques.

Des réunions publiques.

En dehors des réunions publiques dont nous venons de parler et qui sont véritablement - indispensables, parce qu'elles donnent un cachet de solennité incontestable aux résolutions graves qui y sont prises, nous sommes, en général, peu partisan des autres réunions publiques, envisagées comme mode d'enseignement populaire.

Le parti démocratique confond trop souvent le bruit et le tapage avec la calme et austère tranquillité des déterminations à prendre en matière électorale.

Dans les élections, pour que notre parti fasse accepter ses candidats, de la grande masse des électeurs, qui ne font pas de la politique leur préoccupation constante, il faut convaincre et surtout *rassurer* les gens tranquilles et honnêtes qui ne demanderaient pas mieux, voulant ce que nous voulons au fond, de voter avec nous.

Dans les classes conservatrices-libérales, les mots : *Démocratie, Radicalisme,* à eux

tout seuls effrayent et retiennent quantité
de gens qui ne sont jamais sortis de leur
somnolence et de leur indifférence politiques, que réveillés par les allures tapa-
geuses de certains démagogues aussi inin-
telligents que chevelus.

Il faut ramener à nous cette grande
classe d'intimidés, dont l'adhésion nous
sera acquise le jour où leurs appréhen-
sions disparaîtront en présence du fonc-
tionnement tranquille et régulier de nos
Comités.

Or, dans l'état d'enfance politique où
nous avons été systématiquement main-
tenus par les gouvernements tour à tour
balayés qui ont pesé sur le pays, les
réunions publiques n'ont guère été que
prétexte à déclamations stériles, à théories
insensées, mal digérees, plus mal définies
encore. Plus souvent encore elles ont été
un moyen ingénieusement exploité par les
gouvernements, dans le but d'effrayer les
badauds et les niais du parti conservateur.

L'élément dominant, dans les réunions
publiques, est, en général, l'élément populaire, plein de cœur, plein de dévouement

et surtout de désintéressement, mais dont l'esprit est encore peu ouvert à la conception des idées arides de la politique et de la science sociale.

Le peuple se grisera facilement avec les mots de *liberté, égalité, fraternité*; un sentiment généreux artistement exprimé par le premier sauteur politique venu, le fera bondir et s'enthousiasmer; le premier comédien de la parole venu, parmi les trop nombreux assoiffés de popularité, que renferme notre parti, fera naître ces puissants courants d'émotion qui le domptent toujours et montera ainsi à l'assaut d'une popularité de mauvais aloi ; mais demandez-lui le sens intime et la portée de ces mots retentissants, il ne comprendra plus, s'ennuira aux démonstrations scientifiques, bâillera et regrettera les variations flamboyantes de son intrigant de tout à l'heure.

Ce n'est pas dans les réunions publiques que le peuple s'instruira. Celui qui en est encore aux principes rudimentaires de la musique, ne s'aventure pas à jouer dans les concerts publics, pas plus que celui qui prend ses premières leçons d'escrime,

ne va d'emblée dans les salles d'armes
où se livrent les grands assauts.

Du reste, les gens qui d'ordinaire assis-
tent à ce que j'appellerais volontiers ces
représentations, sont, à l'avance, par in-
tuition et par tempérament convaincus de
la vérité des théories qui s'y développent;
on se demande dès lors où est le profit et
l'avantage de ces assemblées. L'ouvrier
prend là des idées empruntées et artifi-
cielles, qui n'étant pas le résultat du re-
cueillement et des études personnelles,
l'exposeront, dans plus d'une occurrence, à
errer sur les hommes et les choses.

Mettez sur le nez d'un homme crédule
des lunettes rouges, il verra rouge, bleu,
il verra bleu, jaune, il verra jaune et arrivera ainsi à se faire une idée fausse de la
vraie nuance et de la couleur des choses
humaines.

Nous signalerons encore un autre incon-
nient des trop fréquentes réunions publiques, précédant une élection.

Indépendamment du trouble et de l'in-
quiétude qu'elles jettent dans la classe
des conservateurs-libéraux dont l'alliance
nous est nécessaire au jour du vote, elles

livrent les futurs candidats en pâture aux malignités de la réaction.

Nous savons bien que les critiques, même injustes, violentes, intéressées, fanatiques de nos adversaires, sont un creuset par où peut et doit impunément passer la valeur d'un citoyen qui aspire à l'honneur de représenter un pays ; nous comprenons à merveille que le candidat en vue doive être assez pur pour sortir plus fort et mieux armé du milieu de ses attaques. Mais il y a de certaines nécessités stratégiques, en matière d'élection, comme en matière de bataille, qui commandent de ne pas se laisser surprendre. La lutte électorale est une bataille réelle où il peut être intéressant de ne pas dévoiler son jeu à l'ennemi.

Le système de nos adversaires peut, du reste, nous donner de salutaires exemples de circonspection que nous devrions mettre à profit. Dans les jours qui précèdent l'élection, on les voit rarement se livrer à ces violentes polémiques et à ces ardentes discussions sur les mérites de *leurs candidats* à eux. Tout se fait chez eux doucement, moelleusement, à la sourdine.

On les voit assister impassibles, en ap-

parence, mais attentifs à nos bruyantes polémiques de café, en prendre note et faire,
soit en vers, soit en prose, dans leurs
journaux, sur le thême dangereux que notre candeur leur fournit, d'habiles et per-
fides variations, — et cela, la veille ou le
matin même du vote, à un moment où la
perfidie des attaques ne peut plus être
combattue à temps.

Nos adversaires ont leurs salons, leurs
réunions d'amis, où tout se discute froide-
ment et sans bruit.

L'alliance se fait vite entre eux et le
paulisme, lequel, plus doucement encore,
avec cette onction qui caractérise les in-
gérances ecclésiastiques, marche et fait
connaître au dernier moment les hommes que le parti conservateur a choisis
et pour lesquels il faut voter *sous peine de
péché grave!*

Nous avons, nous, nos réunions privées,
nous avons notre presse locale démocratique, si unie et si dévouée; c'est assez pour
tenir, avec la vigoureuse impulsion de nos
Comités, nos adversaires en échec et tra-
vailler tranquillement et sans éclat à l'é-
closion de nos candidatures.

Il va sans dire, et nous croyons devoir encore le répéter, que ces observations ne s'appliquent pas aux réunions publiques, convoquées pour arrêter la liste définitive des candidats du parti.

Celles-là sont indispensables, — et, à raison du but spécial pour lequel elles sont convoquées, elles ne sauraient présenter les inconvénients que nous venons de signaler.

Ce sont, dans cette dernière hypothèse, des candidats choisis et déjà discutés dans des réunions privées préparatoires, sur le point de devenir mandataires et qui viennent s'entendre, avec leurs futurs mandants, sur les termes et l'étendue du mandat qui va leur être confié.

—

Du Mandat impératif

Nous ne sommes pas complétement partisan du mandat impératif, dans le sens absolu et brutal du mot et en tant qu'il est basé sur les seules énonciations de

3

principes, contenus dans la profession de foi du candidat.

Le mandat impératif, dans sa pureté originelle, implique l'idée d'un engagement formel, pris par le futur député, d'exécuter, pendant le cours de la période législative, strictement et point par point, soit par ses votes, soit par ses autres agissements politiques, l'absolue et exclusive volonté des électeurs, ses mandants, et ce, sous peine de démission spontanée de la part du député qui s'écarte de la ligne politique tracée, — ou de révocation.

En d'autres termes, c'est l'application au mandat politique, des principes et des règles qui régissent le mandat civil.

Or, il est manifeste *qu'avec la seule profession de foi* du candidat, pour les esprits qui réfléchissent et qui ne se payent pas de mots, cette assimilation est inacceptable.

Aux termes de l'article 1984 du Code civil, « le mandat ou procuration est un « acte par lequel une personne donne à « une autre le pouvoir de faire quelque « chose *pour le mandant et en son nom.* »

Ces dernières expressions montrent déjà

que s'il y a quelque analogie entre le mandat civil et le mandat législatif, il n'y a point identité.

Dans le premier, le mandataire agit *exclusivement pour le mandant et en son nom ;* sa personnalité, à lui mandataire, disparaît et s'efface complétement.

Dans le mandat législatif, au contraire, le candidat qui accepte le mandat est à la fois mandataire de ses électeurs et, si l'on peut ainsi dire, son propre mandataire à lui-même. — S'il a les droits de ses électeurs à défendre et à protéger, il n'entend pas que ses droits et ses intérêts à lui, en tant qu'électeur et citoyen, restent sans défense et sans protection.

En d'autres termes, sa qualité d'électeur et de citoyen, ayant des droits et des devoirs, tout comme chacun de ses mandants, ne peut pas disparaître et s'absorber dans sa qualité de député.

Il faut donc admettre à ce premier point de vue que, sur une question donnée, un conflit puisse naître entre les droits de l'*électeur-mandant* et ceux du député mandataire, — et si dans le conflit, les inspirations de sa conscience, poussent ce dernier dans un sens plutôt que dans un autre, cette interprétation fût-elle contraire aux idées personnelles de l'électeur, personne n'est en droit d'accuser le député, en même temps citoyen et électeur, de forfaiture.

D'un autre côté, le mandat civil spécifie et détermine tous et chacun des actes à raison desquels la procuration est donnée. — Le mandat cesse par la seule révocation du mandataire, — il n'est pas nécessaire que le mandataire fasse connaître les motifs de la révocation.

Est-ce que ces règles peuvent recevoir leur application en matière de mandat législatif?

En premier lieu, à la différence de ce qui se passe en matière de mandat civil, où le mandant fixe, détermine et circonscrit le rôle du mandataire, ici, dans l'état actuel des choses, c'est le candidat, futur mandataire, *qui jette dans sa profession de foi les bases des engagements qu'il prend* en sa qualité de député-mandataire. C'est *sa pensée à lui* qu'il formule, invitant les électeurs à faire connaître, par leurs votes, s'ils donnent leur adhésion au programme politique *qui est son œuvre.*

Or, si plus tard, dans l'application des principes fondamentaux, consignés dans cette profession de foi, il y a dissidence entre les électeurs et l'élu, pourquoi et comment, à l'avance, conférer à l'électeur seul le droit d'imposer son interprétation des termes d'un contrat qu'il n'a pas rédigé, auquel il n'a fait que donner son adhésion?

Et puis, comme nous l'avons dit, dans le mandat civil, les attributions du mandataire sont clairement définies, avec l'exacte portée qu'ils peuvent avoir. En est-il de même du mandat législatif? — Non.

Jusqu'à ce jour, et c'est là un grand malheur, on ne s'est guère occupé, dans nos assemblées législatives, que de politique. La science sociale a toujours été négligée. Chaque fois qu'une question sociale faisait son apparition à la tribune, soit frayeur, soit ignorance, soit crainte de l'inconnu, la discussion était étouffée sous les clameurs des majorités conservatrices. Il y a lieu d'espérer que dans nos prochaines législatures, au contraire, les questions sociales prendront le pas sur les questions politiques proprement dites, et

que les électeurs devront impérieusement
exiger de leurs candidats un énoncé
des principes sur les données fondamentales de la science sociale.

Malheureusement, il faut bien en con-
venir, de nos jours, cette science sociale n'existe qu'à l'état rudimentaire,
qu'à l'état de généreuses aspirations, mais
il s'en faut que les grands problèmes qui
ont occupé tant et de si puissants esprits,
aient abouti à des solutions généralement
acceptées.

Or, à supposer que le candidat, dans sa
profession de foi, s'explique sur les principes fondamentaux de cette science, il
faut bien reconnaître qu'il lui sera impos-
sible, à raison de l'état d'ébauche où cette
science se trouve, de déterminer à l'a-
vance quels seront ses votes sur les questions de détails qu'enfantera la discussion, au Corps législatif, de tels ou tels
problèmes économiques ou sociaux.

A qui accorder la préférence parmi les
écoles protectionnistes? prohibitionnistes?
libres-échangistes? Les intérêts du capital
sont-ils légitimes? en est-il de même de la
rente? La propriété est-elle de droit natu-

rel, comme la liberté, ou bien dérive-t-elle
de la loi, qui peut dès lors la modifier à
son gré et aller jusqu'à la déclarer illégi-
time ?

Certes, ce sont là des questions redou-
tables, on le comprend, à peine ébauchées,
dans quelques puissants cerveaux, et dont
la solution ne peut trouver place, dès à
présent, dans une profession de foi.

Comment dès lors, ces mêmes questions
et les diverses manières de les envisager
pourraient elles faire l'objet d'un mandat
impératif?

Ce sont choses à étudier. — Ces études
seront un des devoirs du député; mais
encore une fois, il répugne aux esprits
sérieux d'admettre que l'électeur, devan-
çant le résultat de ces études, de ces recherches, de ces tâtonnements, impose à
l'avance, à son futur député, l'obligation
de faire aboutir ses recherches à telle solution, plutôt qu'à telle autre, — sous
peine de révocation.

Disons donc le mot, le mandat impératif, dans ce qu'il a d'absolu, avec les seuls
engagements pris par le candidat dans sa
profession de foi, est une conception

fausse et attentatoire au bon sens des électeurs, comme à la dignité de l'élu. C'est
un de ces mots que les ambitieux de popularité, prêts à tout accepter pour émarger,
jettent en pâture à la vanité populaire, en
lui décernant ainsi ce brevet d'autocratie
et de souveraineté absolue, incompatible
avec la liberté de conscience de ceux qui
acceptent un poste politique, non à cause
de la gloire qu'on y peut récolter, mais à
cause des devoirs sérieux qu'on y doit
remplir.

—

Est-ce à dire que les électeurs seront
complétement désarmés en présence d'une
palidonie ou d'une abjuration de principes,
de la part d'un député ? — Nullement, et
voici la combinaison que nous proposerions :

Cahiers des électeurs

Le système dont nous allons parler nous
a été inspiré par ce qui fut fait lors de la

convocation des Etats généraux en 1789.

Les électeurs, à cette époque, étaient chargés, à chaque degré, de transmettre, en les fondant, aux députés des trois ordres, des cahiers rédigés. Ces cahiers servaient de règle à chaque député pour son vote ; c'était le mandat par écrit de ses commettants, dont il ne pouvait se départir, sous peine de se voir désavoué par eux.

Cette théorie contient en germe le système que nous développons dans les pages suivantes.

Nous maintiendrons la profession de foi, comme une sorte d'entrée en matière, par laquelle l'aspirant candidat se fait connaître des électeurs, — comme une façon d'exposer en principes ses vues et ses aspirations politiques.

Mais il ne faut pas oublier que la profession de foi est l'œuvre exclusive du candidat ; que ce document fait connaître sa pensée à lui et non celle des électeurs ; que partant, on ne trouve dans ces engagements personnels, unilatéraux, si je puis ainsi dire, ni le germe d'un contrat sérieux, ni les liens d'un engagement solide et bien déterminé, dont l'inexécution puisse entraîner une sanction pratique.

Voici ce que nous proposerions :

Le Comité central nomme une Commission chargée d'arrêter les termes du programme politique qui devra être accepté par le candidat. Les questions de politique générale à l'ordre du jour y sont abordées et élucidées ainsi que les points fondamentaux, dans l'ordre des réformes économiques et sociales. — Les vœux et les volontés du parti démocratique, représenté par tous les Comités et Sous-Comités du département y sont formulés, article par article.

Ce travail de la Commission est soumis à l'assemblée générale des membres du Comité central, lequel, après discussion et approbation, l'envoie aux Comités d'arrondissement, qui le transmettent à leur tour aux Sous-Comités de canton.

Chacun de ces Comités et Sous-Comités en prend copie et le retourne avec les observations auxquelles cet examen aura donné lieu.

Ce programme ainsi définitivement arrêté, reste déposé aux archives du Comité, revêtu des signatures de tous les membres ; il prend le nom de : *Cahier des électeurs du département de la Savoie.*

C'est dans ce document que se trouvera la véritable pensée politique des électeurs; là se trouveront consignés *par eux* le sens et l'étendue du mandat qu'ils entendent donner à celui qui aspire à l'honneur de les représenter à l'Assemblée nationale. C'est au bas de ce document que le candidat devra apposer sa signature.

Nous aurons alors un véritable contrat, une sorte de contrat synallagmatique, par lequel le député se trouvera lié, non plus seulement par les promesses faites dans sa profession de foi, qui est une œuvre personnelle, mais encore par son adhésion formelle et écrite aux volontés exprimées par les électeurs eux-mêmes.

Dans le cours de la session législative, le Comité central sera un véritable tribunal appelé à juger les actes politiques de son député, à rapprocher ses votes des engagements pris par lui et consignés sur le cahier du Comité.

S'il apparaît au Comité central que les votes multipliés du député, sur telles ou

telles questions fondamentales, consti-
tuent une désertion des principes consignés aux cahiers, il convoque tous les
membres en assemblée générale, invite
chaque Comité d'arrondissement à envoyer
deux délégués et un autre délégué par
canton ; il rédige, après discussion et dé-
libération, une adresse au député, lui de-
mandant des explications et des éclaircis-
sements.

Si le député répond et fait connaître son
intention de venir, en personne, rendre
compte de son mandat devant le Comité
central, celui-ci convoque comme précé-
demment, les délégués d'arrondissement
et de canton.

Au jour indiqué, le député comparaît
devant ceux qu'on peut véritablement
appeler ses mandants, représentés par
tous les Comités du département.

Il sera bien rare qu'en semblable cir-
constance le député de bonne foi et les
Comités, s'inspirant d'idées d'équité et de
conciliation, n'arrivent pas à s'entendre.

Dans la plupart des cas, le député dé-
montrera facilement que l'apparent aban-
don de principes qu'on lui impute n'a été

qu'une conséquence des nécessités du moment, qu'un calcul stratégique, peut-être,
de la fraction de l'assemblée à laquelle il
appartient.

Placé dans le milieu où s'agitent les
grandes questions du moment, et s'impré-
gnant des nécessités qu'elles commandent,
il lui arrivera presque toujours d'établir
que le semblant d'écart qu'on lui repro-
che n'a été qu'un calcul honnête, politique, impérieusement commandé par les
circonstances.

Dix fois sur une, le député-mandataire
et les électeurs-mandants se sépareront
après s'être compris, et le premier retour-
nera à son poste, éclairé et réconforté par
les seconds.

Que si cependant le député dédaignait
de répondre ou de se rendre à l'invitation
du Comité, celui-ci serait en droit de considérer cette façon d'agir comme une
rupture et une réelle violation du mandat.

Dans ce cas, le Comité central, composé,
comme nous l'avons dit, de tous ses membres actifs et des délégués des Comités
d'arrondissement et de canton, prononce
la déchéance du député récalcitrant.

Cette déchéance ne sera, à la vérité, qu'une sanction morale, mais elle sera, à elle seule, assez grave et assez solennelle pour en imposer au représentant qui tenterait, au moment d'un vote solennel, d'être infidèle aux promesses écrites qu'il a faites à ses électeurs, et qui sont consignées aux cahiers du Comité.

Cette déchéance prononcée, l'Assemblée, séance tenante, rédige la décision motivée qui la prononce et envoie une copie à tous les Comités et Sous-Comités du département, avec insertion dans les journaux démocratiques de la localité, ainsi que dans les principaux journaux de Paris et des départements.

Cependant, avant d'avoir recours à ces derniers moyens de publicité, la décision sera signifiée au député, qui devra, dans le mois de cette notification, convoquer une réunion publique composée de tous les électeurs du département qui voudront s'y rendre, lesquels, réunis en assemblée générale, statueront comme cour d'appel politique, en dernier ressort, infirmant ou confirmant la décision des Comités.

Indépendamment de cette comparution

devant ses mandants, dans les circonstances que nous venons d'indiquer, chaque
député devra, au moins deux fois, dans le
cours d'une session législative, se rendre
au chef-lieu du département et venir conférer, dans une réunion arrêtée et concer-
tée avec les Comités et Sous-Comités, des
événements politiques principaux auxquels
il a pris part, éclairer en résumé ses électeurs sur la manière dont il a rempli le
mandat qu'ils lui avaient confié et s'éclairer lui-même sur l'esprit, les aspirations
et les besoins de ceux qui l'ont envoyé à
la Chambre.

Ces conditions, ces obligations, cette
procédure et ces sanctions doivent être
consignées sur les cahiers et approuvées
par le candidat.

—

De la polémique des journaux pendant la période électorale.

Nous voudrions que la presse démocratique laissât aux journaux réactionnaires
le monopole de l'outrage, de l'insulte et

des basses calomnies, qu'elle ne tombât jamais dans ces monstrueux écarts dont certaine presse locale, dans ces derniers temps, a donné de si déplorables exemples.

Il faut que les journalistes qui servent notre parti le fassent avec ce calme et cette dignité qui honorent les grandes causes, laissant aux journalistes laquais et aux obscurs plumigères qui nous insultent, le triste privilége d'encourir tôt ou tard le mépris public et de jaunir dans leurs colères d'eunuques.

—

Du choix des candidats

Les événements douloureux que nous venons de traverser, l'effroyable crise sociale à laquelle nous avons assisté et dans laquelle la France a failli sombrer, commandent impérieusement aux électeurs de chercher leurs candidats dans le parti démocratique et radical s'ils ne veulent, avec les hommes *du parti libéral*, revenir

aux vieux agissements du régime consti-
tutionnel, avec un duc d'Aumale quelcon-
que, et passer un nouveau bail avec le
génie des révolutions périodiques.

Pour faire connaître notre pensée tout
entière à cet égard, nous ne saurions
mieux faire que de transcrire ici un article
que nous avons publié, le 3 juillet 1870,
dans le *Réveil du Dauphiné* et que la presse
de Paris a reproduit :

Les *Débats* publiaient, dernièrement, un article de M. Saint-Marc-Girardin, à propos de la
gauche ouverte et de la gauche fermée, dans lequel on lisait ceci :

« Il y a quelque chose qui m'encourage à
« croire que les frères séparés ne sont pas des
« frères ennemis. Ces deux sections séparées
« ont, chacune de leur côté, des orateurs de
« beaucoup de talent et de beaucoup d'esprit,
« et on peut croire, sans malveillance, que cette
« abondance d'hommes éloquents et spirituels
« n'était pas une cause d'union et de con-
« corde. »

On ne saurait trop admirer comme ces cho-
ses-là sont bien dites, et combien le peuple sera
fier, un jour, d'avoir aidé à l'éclosion d'un ré-

gime, sous lequel, lui, peuple, appelé à jouer le rôle de galerie, assistera aux ébats et aux petites commotions parlementaires, qui permettront à ses élus, au jour où ils constateront parmi eux une trop grande abondance d'hommes éloquents et spirituels, de se diviser en autant de catégories et de sous-catégories qu'il sera nécessaire pour permettre à chacun de briller à son aise, sans trop blesser la vanité du voisin.

Cela est à la fois vrai, risible et profondément triste. Cependant, tout le régime parlementaire est là, dans cette petite phrase, avec ses égoïsmes, ses vanités, ses glorioles, sa stérilité, son mépris profond pour les intérêts du peuple, et aussi la gloire d'être *quelqu'un*, sacrifiée à la rage immodérée d'être *quelque chose*.

Le parti libéral, qui ne voit rien au-dessus d'un semblable régime, se compose de cette portion privilégiée de la bourgeoisie remuante et cependant conservatrice, qui fait de la politique une profession et un métier, qui, ayant pour elle l'habileté, le savoir, la richesse, l'intelligence, et se trouvant au sommet de cette société mal organisée où nous vivons, assiste, attentive, aux luttes et aux combats que la liberté livre au despotisme, toujours prête à se jeter du côté où penche la victoire et à crier, suivant les chances de la bataille, tantôt : Vive le roi ! tantôt : Vive la ligue !

C'est à ce parti que l'empire libéral vient demander ses recrues.

Il n'est pas sans intérêt pour la démocratie d'étudier cette nouvelle évolution gouvernementale et de rechercher, dans la connaissance des hommes sur le dévouement desquels compte l'empire, quelles causes ont poussé celui-ci du côté de ce parti, et quels fruits produira une semblable alliance ?

En 1851, quand Louis-Napoléon Bonaparte fit son coup d'Etat, il avait sous la main une bande d'hommes depuis longtemps triés et préparés à la terrible besogne qu'il leur voulait confier. Ils ont représenté, pendant cette éclipse de la conscience nationale qui a suivi le coup de décembre, l'élément impérial dans sa pureté native.

Ces hommes voués au mépris de l'histoire avaient, si l'on peut ainsi dire, leur excuse dans la situation exceptionnelle que leur avaient créée leurs vices et leur démoralisation profonde. — Ils sont morts, pleins de richesses, d'honneurs et d'ignominie. La race en est perdue ; et l'Auvergne elle-même paraît vouloir se mettre en grève.

L'empereur songe à les remplacer, et il s'adresse au parti libéral.

Il faut que MM. Ollivier, Picard, Laboulaye, Prévost-Paradol et consorts, il faut que tous les vieux orléanistes qui désertent lâchement cette

maison royale à laquelle ils doivent ce qu'ils
sont, en prennent leur parti. Dans la pensée du
maître, ils sont appelés à remplacer les hommes
dont nous venons de parler. Ils s'attèlent où les
autres se sont attelés, les harnais sont les
mêmes, le même fouet est dans la même main,
et semblable sera la besogne faite par les uns et
par les autres.

Il faut que M. Ollivier lui-même, au travers de
son immense vanité, s'y résigne ; il ne sera jamais qu'un reflet et une doublure. Il sera le Per-
signy de l'empire libéral. Puis, le même phéno-
mène qui s'est produit pour l'empire autoritaire, se reproduira pour cet empire libéral ; les
vieux déserteurs mourront, emportant avec eux
le mépris qui s'attache aux défections et aux
apostasies ; les jeunes s'useront à une tâche in-
grate, et condamnée à rester stérile. L'empire se
trouvera, une troisième fois, dans l'isolement
qui attend toutes les combinaisons gouverne-
mentales qui ne s'appuient pas sur un principe.

C'est au point de vue du rôle que sera appelé
alors à jouer la démocratie qu'il importe de voir
de quel œil les républicains doivent envisager
les désertions qui se produisent.

La Démocratie radicale doit y voir une épu-
ration, la fin de ces promiscuités compromettantes qui énervent un parti qui croit et qui veut.

Elle grandira dans l'esprit du peuple de tout ce qu'il y a de petit et de grêle dans les insuffisansances et les lâchetés du parti libéral. Car le peuple de nos jours raisonne et commence à se rendre compte des évolutions de ce prétendu parti.

Il a vu, déjà en 1848, que le parti républicain se composait de deux éléments, les républicains de la veille — les radicaux d'aujourd'hui — et les républicains du lendemain ; ceux-ci, plus ardents que les plus ardents de la montagne, emplissant nos clubs de mensonges et inondant d'eau bénite nos arbres de liberté.

Ces républicains du lendemain, les libéraux d'aujourd'hui, — le peuple les a vus, pendant la période autoritaire, suivre d'un œil attentif la marche du fleuve qui portait les destinées de l'empire triomphant ; il les a vus, un à un, quitter la rive et s'embarquer sur le bâtiment impérial.

Il a vu, au contraire, les hommes du parti radical, les vrais républicains, ceux que la proscription avait touchés, rester, au milieu de leur pauvreté, de leurs souffrances et des misères de l'exil, fidèles à leur drapeau. Il a vu ceux de l'intérieur, assister, songeurs, mais inflexibles, au défilé des gloires impériales, et conserver, au milieu des prospérités mensongères de l'empire, leur foi, leurs croyances et leurs convictions républicaines.

Donc ces choses sont bien. Au jour où la lutte dernière s'engagera entre le despotisme et la liberté, le peuple saura, enfin, à quels hommes il devra proposer son alliance formidable. Les malentendus et les équivoques auront disparu pour faire place à une situation nette et bien définie. Les comédies hypocrites de 1848 ne recommenceront plus, et si jamais le malheur du peuple veut qu'il soit précipité, malgré lui, dans une révolution, cette révolution ira droit son chemin sans se laisser entraver par les pitiés compromettantes et les fausses condescendances qui l'ont fait avorter en 1848.

Je n'ai pas un mot à changer à ce que je disais en plein despotisme impérial, à une époque où ceux qui nous insultent aujourd'hui chantaient sur tous les tons les gloires de l'empire.

Ma prophétie d'alors n'a pas tardé à se réaliser.

Quelques lâches de plus, en qui les républicains avaient placé leur confiance, sont venus seulement ajouter leurs noms méprisés à la liste des néo-libéraux de l'empire. Aujourd'hui encore, bien des républicains émergés *du parti libéral,* ont presque complétement caché leur drapeau dans leur poche, — ce que l'on en voit encore n'a plus de couleur.

Ces hommes étaient rouges au lendemain du 4 septembre, aujourd'hui ils sont roses ; ils seront blancs demain, si leur intérêt leur commande d'arborer cette couleur.

C'est une nouvelle leçon dont la démocratie, si lente à se corriger, devra enfin profiter pour rompre définitivement et à tout jamais, dans le choix de ses candidats, avec les tristes incapacités et les égoïsmes du parti libéral.

Chambéry, le 20 janvier 1872.

CAMILLE COUSSET, *avocat*.

Chambéry, imp. D'ALBANE, place Saint-Léger, 13.

www.ingramcontent.com/pod-product-compliance
Lightning Source LLC
Chambersburg PA
CBHW072020290326
41934CB00009BA/2138